DES SOCIÉTÉS NÉCESSAIRES ET DES SOCIÉTÉS VOLONTAIRES

MÉMOIRE

Présenté au *Congrès scientifique international des Catholiques*

TENU A PARIS EN 1888

PAR

CH. LOOMANS

PROFESSEUR ÉMÉRITE ET ANCIEN RECTEUR DE L'UNIVERSITÉ DE LIÈGE

PARIS

BUREAUX DES *ANNALES DE PHILOSOPHIE CHRÉTIENNE*

20, RUE DE LA CHAISE, 20

1889

DES SOCIÉTÉS NÉCESSAIRES ET DES SOCIÉTÉS VOLONTAIRES

MÉMOIRE

Présenté au *Congrès scientifique international des Catholiques*

TENU A PARIS EN 1888

PAR

CH. LOOMANS

PROFESSEUR ÉMÉRITE ET ANCIEN RECTEUR DE L'UNIVERSITÉ DE LIÈGE

PARIS

BUREAUX DES *ANNALES DE PHILOSOPHIE CHRÉTIENNE*

20, RUE DE LA CHAISE, 20

1889

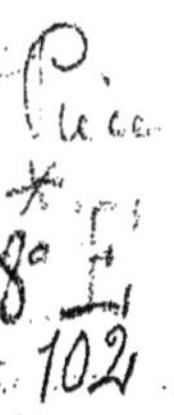

DES SOCIÉTÉS NÉCESSAIRES

ET DES SOCIÉTÉS VOLONTAIRES

PAR M. CH. LOOMANS
Professeur émérite et ancien Recteur de l'Université de Liège.

Le droit naturel depuis Grotius jusqu'à l'avènement de l'école historique présente un caractère frappant d'individualisme. Des « individus totale- « ment étrangers les uns aux autres, et n'ayant de commun que la condition « humaine », possédant les droits naturels d'indépendance et d'égalité absolues, établissant des sociétés par leur consentement libre exprès ou tacite, se soumettant à des lois conventionnelles dont ils sont les auteurs; la famille, la société civile, la société internationale, la société religieuse, assimilées plus ou moins à des associations volontaires : c'est à ces traits qu'on reconnait l'individualisme juridique.

C'est l'individualisme qui a introduit dans la science du droit, l'hypo thèse, aujourd'hui discréditée, de l'*état de nature* et de la *liberté naturelle*, opposée à l'*état social* et à la *liberté sociale*. L'état de nature, qu'on l'entende dans le sens de l'état primitif où l'homme se serait trouvé, ou qu'on le conçoive comme une simple hypothèse scientifique, indispensable pour reconnaître les droits de l'homme, cet état est la conséquence nécessaire d'un système qui prend son point de départ dans l'individu, et fonde la société sur un contrat. Suivant lui, l'état de société est un état conventionnel régi par des lois conventionnelles et non pas naturelles, et, par conséquent, à côté de chaque institution, liberté, propriété, famille, société civile, il imagine un droit naturel, en contradiction avec le droit social. Système aussi erroné en théorie que dangereux dans ses résultats pratiques. N'est-il pas allé jusqu'à constituer l'individu juge de ses droits naturels, et ne lui a-t-il pas ordonné de les revendiquer contre la société qui les lui a ravis ?

L'école historique, en abandonnant le point de départ individuel, rejette l'état de nature et le remplace par l'état de société et de son développement historique, fondés sur la nature. Suivant elle, le droit est l'expression soit spontanée, soit réfléchie des convictions et des mœurs, la forme nécessaire de la vie des peuples et de ses manifestations diverses. Il naît et se développe en même temps que les sociétés civiles naissent et se développent, et il présente une évolution continue, non interrompue comme ces sociétés elles-mêmes.

L'école historique a le mérite incontestable d'avoir compris toute l'importance de l'élément positif et historique de la législation, méconnu à tort par la philosophie du XVIIIe siècle. Ce siècle, au jugement de Savigny, « était dépourvu du sens historique... On s'imaginait alors qu'il existe un « *Code de la raison*, une législation complète et pratique qu'il suffirait de « découvrir et de sanctionner, pour fixer à jamais la législation des peu- « ples (1). » Conception étroite et superficielle, fruit d'un rationalisme exclusif, suivant lequel le monde moral et la société humaine seraient soumis *en toutes choses* à la nécessité et à l'uniformité rationnelles, tandis que la raison et ses lois nécessaires n'excluent pas la volonté libre, toujours variée et féconde, ni dans la création (2) ni dans la société humaine.

Admettez un instant la nécessité rationnelle s'imposant à tous les actes de la volonté, et vous ne comprenez pas même l'idée d'un droit : car tous les droits, quels qu'ils soient, droits de la liberté, droits de l'autorité, impliquent toujours une *faculté plus ou moins étendue* de faire ou de ne pas faire, de faire une chose ou une autre, reconnue par la loi elle-même. Si le devoir est une nécessité morale qui s'impose, le droit comprend une faculté morale dont on dispose.

Mais, en relevant l'importance de l'élément positif du droit, l'école historique a eu le tort de méconnaître son élément rationnel; au point que Savigny affirme quelque part que « nous considérons comme fondé en « raison ce dont nous ignorons l'origine et la nécessité historiques » (3).

Je sais bien que cet éminent jurisconsulte signale lui-même ce qu'il appelle l'*élément logique* du droit, sorte d'esprit des lois de Montesquieu. Mais la logique du droit n'est pas la raison d'être du droit, et l'esprit des lois diffère essentiellement des principes de justice base rationnelle des lois, au point qu'une institution, celle de l'esclavage, par exemple, peut avoir sa logique et son esprit fort remarquables, tout en étant en contradiction avec la raison et avec le principe de la personnalité humaine.

Sans admettre un code de la raison, on peut et on doit admettre *des principes de justice connus par la raison, qui s'appliquent à la société humaine et à son développement historique, et qui forment l'objet propre du droit naturel.* Ces principes et leurs conséquences ne constituent pas à eux seuls une législation complète et pratique, mais ils sont la base rationnelle de toute législation. Les principes de droit naturel sont généraux et ont besoin d'être définis dans leurs applications diverses par la loi positive. *Principia juris naturæ universalia sunt et indigent determinatione. Lex positiva est determinatio juris naturalis.* Et puis, des théories de droit naturel, fussent-elles définies dans toutes les applications possibles, ne suffisent pas. Les sociétés ne vivent pas de théories. Il faut recourir aux moyens divers de les mettre en pratique, et de parvenir à des résultats utiles eu

(1) Savigny : *Vom Beruf unserer Zeit für Gesetzgebung und Rechtswissenschaft.*

(2) « Dieu, dit Bossuet, agit avec raison et *avec art* », et l'art, bien que soumis à des règles nécessaires est libre, varié et fécond, et non pas privé d'initiative, uniforme et stérile.

(3) *Ibid.*

égard à un état social donné. Et sous ce rapport encore, il faut des lois positives qui *organisent* le droit naturel.

Partant du fait de la société humaine et de son développement historique, la science du droit naturel a la mission d'analyser les diverses espèces de relations qui existent entre hommes, et d'analyser en outre les idées morales et juridiques auxquelles ces relations doivent être conformes. Le *fait* et l'*idée*, ce qui existe et se fait d'une part, ce qui doit exister et se faire d'autre part, voilà les deux facteurs des jugements que nous portons tous sur la conduite des hommes et des sociétés, et la méthode du droit naturel n'est que l'expression scientifique des procédés de l'esprit de chacun, jugeant du bien et du mal, du juste et de l'injuste. Si elle n'est pas une méthode purement expérimentale et historique, elle ne saurait être davantage une méthode purement rationnelle, car c'est *à l'occasion des faits de la vie morale et sociale, que la raison reconnaît et développe les idées* auxquels ces faits doivent être conformes. « L'histoire seule est aveugle, « la raison seule est vide (1). »

Ayant à parler de droit naturel, j'avais à m'expliquer d'abord sur la notion de cette science. Les termes « droit naturel » sont des mots très respectables sans doute, mais que d'équivoques et d'erreurs ils contiennent en germe !

La première des sociétés, dans l'ordre logique, c'est la société de tous les hommes en tant qu'hommes, signalée par Grotius lui-même, dans ses *Prolégomènes*, sous le nom de *societas generis humani.*

Quoi qu'il en ait dit au même endroit, les hommes ne sont pas seulement *sociables*, ils n'ont pas seulement le désir de vivre en société : *appetitus societatis* ; mais tous, sans exception, naissent dans une société préexistante, qui remonte à une société antérieure et à une société primitive, sorte d'organisme se développant dans l'espace et dans le temps De même que les êtres vivants proviennent d'autres êtres vivants, de même les sociétés proviennent d'autres sociétés.

La société humaine n'est pas une société volontaire ; elle est l'œuvre de la nature, et non pas de la volonté. La communauté d'origine et de destination ; le développement et le perfectionnement des facultés intellectuelles et morales, au moyen de la vie sociale et du langage ; les sciences et les arts, les mœurs et les coutumes, la religion et le culte, les institutions diverses transmis d'âge en âge par la tradition, par conséquent, par la vie sociale et le langage ; tous, individus, familles, nations, unis en vertu de la diversité et de la réciprocité des besoins et des services (2) ; nul homme totalement étranger aux autres et se suffisant à lui-même : toutes ces considérations et d'autres semblables établissent, à n'en pas douter, un état général de société humaine fondé sur la nature. « Quæ naturæ principia sunt

(1) Trendelenburg. *Naturrecht.*

(2) La cité a dit Aristote ne se compose pas de tous laboureurs ni de tous médecins, mais de laboureurs et de médecins. Ce n'est pas la répétition des mêmes notes qui produit l'harmonie (*Politique*).

« communitatis et societatis humanæ repetendum videtur altius. Est enim « primum quod cernitur in universi generis humani societate. Ejus autem « vinculum est ratio et oratio, quæ docendo, discendo, communicando, dis- « ceptando, judicando, conciliat inter se homines conjungitque *naturali qua- « dam societate* (1). »

Le fait de la société humaine fondé sur la nature est manifeste. Quelle est l'idée que la raison doit se faire de cette société?

La société humaine, je l'ai déjà dit, doit être conçue comme un tout organique comprenant des parties *naturellement unies*, et non pas comme un tout collectif composé de parties *accidentellement réunies* : l'idée de l'organisme, c'est l'idée de parties diverses, unies par la nature pour un but commun, participant à la même vie et se développant d'une manière continue non interrompue; et l'humanité tout entière forme un organisme.

Mais la société humaine n'est pas un organisme quelconque. C'est un organisme d'êtres personnels, vivant dans des conditions physiques. Or la personne est but, et non pas moyen pour autrui ; elle est libre, capable de se déterminer, et non pas déterminée par autrui (2). L'idée de la société humaine est donc l'idée d'un organisme d'êtres personnels et physiques dont chaque membre a une destination absolue à accomplir pour lui-même et par sa liberté en concourant à la destination d'autrui, suivant l'individualité de chacun, c'est-à-dire, suivant les différences originaires ou acquises qui distinguent les individus.

De là deux lois naturelles qui s'imposent aux volontés : la loi de justice et la loi de fraternité *universelles;* la loi de justice conciliant la liberté externe de tous et réglant les pouvoirs ou droits divers, sans lesquels ils ne peuvent accomplir librement la destination qui leur appartient dans la société humaine ; la loi de fraternité exprimant cette destination elle-même, le concours et la participation *volontaires jamais forcés* de tous au bien de tous, sorte de communauté volontaire de tous les biens moraux et matériels très différente de la communauté forcée des biens matériels imaginée par le communisme : la première, loi d'ordre social universel, maintenue au besoin par la contrainte ; la seconde, loi de la perfection sociale accomplie par principe d'amour, lequel trouve sa propre satisfaction dans le bien d'autrui et concilie ainsi l'égoïsme et le renoncement ; celle-là renfermant *la liberté juridique* dans des limites fixes, susceptibles d'être définies de la même manière pour tous; celle-ci voulant une *liberté morale* toujours variée et féconde en bienfaits, différente suivant les individualités et ne pouvant être définie d'une manière uniforme pour tous. S'il y a des codes de droit, il ne peut y avoir des codes de la fraternité.

Ce n'est donc pas l'idée de la personne individuelle qui fonde les droits et obligations réciproques entre les hommes. « Les Dieux, a dit Aristote, se « suffisant à eux-mêmes, ne vivent pas en cités, et ne sont pas soumis à leurs

(1) Cicero, *De officiis.*

(2) Ὥσπερ ἄνθρωπός φαμεν ἐλεύθερος ὁ αὑτοῦ ἕνεκα καὶ μὴ ἄλλου ὤν (Aristote, *Métaph.*).

« lois. » Ce n'est pas même le *principe de la coexistence*, tel qu'il a été formulé par Kant, la liberté externe de tous sans but moral commun à tous (die freie Willkühr) : pas de droits et obligations réciproques sans but commun. C'est encore moins la liberté de tous poursuivant un but égoiste et se servant des autres comme de moyens dont elle dispose pour son propre avantage : le système utilitaire est la négation du droit naturel ; mais c'est l'idée de la société humaine qui rend raison des droits de tous et de l'obligation de tous de les respecter. Tous *organiquement unis* et possédant les droits de la personne pour le bien de tous à réaliser librement suivant l'individualité de chacun, voilà le principe de la personnalité humaine, premier principe du droit naturel et support de tous les autres. Le respect de la vie, de l'honneur, de la liberté, de la propriété privée, des engagements librement consentis découle de ce principe ; et ce ne sont pas là des droits du citoyen en tant que membre de la cité, *jus civile*, mais ce sont des droits de tous en tant que membres de la société humaine, *jus gentium*, en ce sens.

Il n'existe pas seulement une société générale de tous les hommes, mais il existe des sociétés diverses parmi les hommes et un droit particulier qui leur est propre. La famille, la société civile, la société internationale, la société religieuse, les sociétés de gain, d'industrie, de commerce, les sociétés littéraires, scientifiques, charitables, les corporations de tout genre portent le nom commun de société ; et cela avec raison, car toutes rappellent la notion de plusieurs êtres personnels et physiques unis entr'eux pour quelque but commun à atteindre par le concours des volontés et à l'aide de moyens moraux et matériels. Mais, que de différences entre ces diverses sortes de sociétés et entre les lois qui les régissent ; par exemple, entre la famille et ses lois et une société de commerce et ses lois !

Comment parvenir à une classification rationnelle de ces sociétés diverses et de leurs lois ?

La notion de société implique celle d'un concours de volontés pour un but commun. C'est donc l'espèce de but à atteindre qui caractérise l'espèce de société dans laquelle ce but est atteint. *Ex fine enim oportet accipere rationes eorum quæ ordinantur ad finem* (1). Partant de ce principe, on arrive à une division générale des sociétés qui domine tout le droit naturel et positif : il y a des sociétés nécessaires et des sociétés volontaires soumises à des lois essentiellement différentes.

Voici les caractères distinctifs de ces sociétés :

Les sociétés nécessaires ont leur raison d'être dans la nature humaine, et spécialement dans un but de la nature commun à tous ; les sociétés volontaires, au contraire, ont leur raison d'être dans la volonté libre des individus et dans un but licite propre à quelques uns. La famille, par exemple, est une société nécessaire fondée sur la nature pour la propagation et l'éducation de l'espèce humaine, tandis que les sociétés de gain, de science, de bienfaisance, d'art, etc., sont des sociétés volontaires fondées sur la volonté

(1) S. Thomas.

libre d'individus qui s'associent en vue d'une fin licite qui leur est propre.

La nature humaine, expressions susceptibles d'interprétations diverses. La nature humaine n'est pas un état de l'homme soit primitif, soit subséquent, l'état de nature, par exemple ; mais elle est commune à tous les états de l'homme. Ce n'est pas la nature physique et son évolution dans la série animale, d'où le *jus naturale quod natura omnia animalia docuit* du droit romain et de Herbert Spencer. En effet, les instincts de conservation et de propagation ne sont soumis à des lois de la morale et du droit que pour autant qu'ils se combinent dans l'homme avec un principe personnel doué de raison et de volonté libre. C'est à titre d'être personnel, essentiellement différent des êtres privés de la personnalité, que l'homme est soumis à des lois morales ; et le droit naturel, comme le droit positif, est spiritualiste dans toutes ses parties. Mais la nature commune à tous, c'est leur *nature d'êtres personnels vivant dans des conditions physiques.* C'est la personnalité, ce sont les facultés, les tendances, les besoins, le but commun à tous, qui constituent proprement la nature humaine « ce qu'il y a de plus puissant et de meilleur en nous » (Aristote).

Considérées en fait, les sociétés fondées sur la nature nous présentent autant de conditions générales et permanentes dans lesquelles l'espèce humaine se développe, se perfectionne, avance en civilisation. Outre l'*état* général de société humaine, il y a l'*état* de famille, de société civile, de société internationale, de société religieuse ; l'espèce humaine vit dans ces états, et elle ne vit pas à l'état de société de commerce, d'académie ou de couvent.

Et qu'on veuille bien le remarquer, ces conditions générales et permanentes du développement et du perfectionnement de l'humanité sont fondées sur la nature humaine, lors même qu'elles ne seraient pas *primitives.* Quelques-uns se sont imaginés que l'état naturel de l'homme c'est son état primitif indépendant de la volonté humaine ; et ils sont arrivés ainsi à un droit naturel chimérique, comme le leur reproche Leibnitz : « ad cerebrinas uris ideas perducunt ». Bien au contraire « l'espèce humaine est appelée en vertu de sa nature à se développer et à se perfectionner. La *perfectibilité.* c'est-à-dire, la possibilité de se perfectionner soi-même et toujours par l'empire sur soimême et par des efforts libres, est un de ses caractères essentiels et distinctifs. Elle ne doit donc pas demeurer à l'état natif d'imperfection, mais elle doit parvenir à un état meilleur, comme l'individu ne doit pas demeurer enfant, mais devenir homme. C'est le progrès, la civilisation qui sont voulus par la nature, tandis que la barbarie et la décadence lui sont contraires.

Peut-être n'est-il pas inutile d'ajouter ici que les états divers dans lesquels l'espèce se développe et se perfectionne sont indépendants de la volonté libre et subjective des individus; que ceux-ci le veuillent ou ne le veuillent pas, ces états s'établissent et se maintiennent dans l'humanité (1),

(1) *Sive velint, sive nolint, oportet esse subditos alicui*, a dit Bellarmin en parlant de la société civile.

l'espèce ayant des conditions de vie différentes de celles des individus. Des individus peuvent se trouver sans famille ; ils peuvent ne pas fonder une nouvelle famille : ils peuvent se séparer d'une société civile ou religieuse données ; mais l'humanité ne saurait se passer de la famille, de la société civile, de la société religieuse (*die objective Gestalten der Gemeinschaft*).

Considérées en droit, les sociétés nécessaires sont réglées par des *lois naturelles qui s'imposent aux volontés et les obligent*, tandis que les sociétés volontaires sont réglées par des *lois conventionnelles faites par les volontés qui s'obligent elles-mêmes.*

Ces lois naturelles auxquelles les volontés doivent se conformer ne sauraient être abrogées par elles ni en tout ni en partie ; des lois conventionnelles, au contraire, faites par les volontés, peuvent être abrogées par une volonté contraire : « dissolvuntur prout colligata sunt. »

Pour connaître les droits et les obligations dans les sociétés volontaires, il faut examiner ce qu'on a voulu ; la volonté des parties est la loi des contrats. « Ex voluntate eorum qui se primum in societatem civilem agre« gaverunt jus metiendum est », a dit Grotius en parlant des droits de l'autorité souveraine qui, suivant lui, ont une origine conventionnelle. Pour savoir quels sont les droits et les obligations naturels dans les sociétés nécessaires, il faut examiner ce qu'on doit vouloir. L'autorité souveraine, par exemple, doit avoir le droit de punir, et celui-ci n'est pas une délégation qui lui a été faite par les individus comme le veut Grotius.

La forme conventionnelle faite, réglée, défaite à volonté sans doute est une des formes du droit avec un contenu libre et accidentel ; mais elle n'est pas la seule forme du droit avec son contenu nécessaire et permanent.

Et enfin les sociétés fondées sur la nature et leurs formes nécessaires sont les bases permanentes de la civilisation, tandis que les sociétés volontaires et leurs formes conventionnelles ne sont que des résultats accidentels et variables de la civilisation. Les unes, par la nature des liens qu'elles établissent entre hommes, sont des causes d'union et de continuité sociales, tandis que les autres ne sauraient l'être. L'individualisme et la forme conventionnelle appliqués à la famille et à la société civile seraient des causes de désagrégation et de dissolution sociales. Qui donc ignore l'influence néfaste du *Contrat social* de Rousseau dans l'histoire de la révolution française !

Tous ces caractères des sociétés nécessaires se résument dans une idée unique, féconde en conséquences, celle de l'*organisme moral* participant à un même esprit, comprenan des membres divers unis par la nature pour un but commun et se développant d'une manière continue, non interrompue. La société humaine, je l'ai dit, est un organisme moral dans lequel tous possèdent les droits de la personne pour le bien de tous ; et cette société comprend des organismes moraux divers tous coordonnés entr'eux pour des fins diverses et pour une fin totale, tous ayant leurs droits naturels, sans lesquels ils ne peuvent accomplir la destination qui leur appartient, tous unis entr'eux, non pas séparés, et se rendant des services divers et réciproques.

La distinction des sociétés nécessaires et des sociétés volontaires a été entendue dans un sens différent. Les sociétés volontaires, a-t-on dit, sont des sociétes où les individus entrent par leur consentement; les sociétés nécessaires des sociétés où ils se trouvent sans leur consentement. La famille serait une société volontaire par rapport aux époux, une société nécessaire par rapport aux enfants. La société civile aurait le caractère d'une société volontaire eu égard à ceux qui seraient convenus de l'établir entr'eux; mais elle aurait celui d'une société nécessaire par rapport à une province conquise dans une guerre juste.

Ainsi comprise, la distinction n'a qu'une importance tout à fait secondaire. Au lieu de se fonder sur la nature du but et des lois d'une société, elle s'appuie sur le fait qui la réalise dans les cas particuliers. La famille a sa raison d'être dans un but de la nature commun à tous et est réglée par des lois naturelles qui s'imposent aux volontés bien qu'elle se réalise entre époux par un contrat. Des émigrés sortant d'une société civile préexistante peuvent, à l'exemple des Puritains d'Angleterre, fonder une nouvelle société civile, sous l'égide de la mère-patrie: il n'en est pas moins vrai que la société civile, l'autorité souveraine et ses droits essentiels ont leur raison d'être dans la nature humaine et qu'il y a un droit public rationnel, et pas seulement positif. Autre chose est la raison d'être des lois objectives qui, elles, ne naissent pas et ne meurent pas, autre chose la cause des droits subjectifs qui naissent et meurent, et cette cause est toujours un fait soit de la nature soit de la volonté. La confusion entre la raison d'être ou le principe des droits d'une part et la cause qui donne naissance à des droits en faveur de sujets déterminés d'autre part est une source féconde d'erreurs en droit naturel. L'élection, l'hérédité, la conquête peuvent conférer l'autorité souveraine, mais elles ne la créent pas. Le contrat de mariage est la cause qui donne naissance à une nouvelle famille, mais il n'est pas la raison d'être de la famille et de ses lois naturelles. L'occupation définie et organisée par la coutume ou par la loi est un mode d'acquisition de la propriété privée, elle n'en est pas le principe. C'est le principe de la personnalité humaine qui fonde le système de la propriété privée et qui réfute le communisme.

Je viens de montrer qu'outre la société humaine fondée sur la nature il y a d'autres sociétés ayant le même caractère et qui ne s'appuyent pas sur la base fragile des conventions. Des conventions peuvent être la cause qui les réalise, elles n'en sont pas le principe rationnel.

Je ne puis exposer ici la théorie des sociétés diverses fondées sur la nature laquelle, à mon sens, comprend tout le droit naturel; je dois me borner à signaler les principes de cette théorie et à en montrer quelques applications.

L'antiquité grecque et latine ne connaissaient qu'une seule société nécessaire, la cité, *civitas*, source de tous les droits. La personnalité humaine et ses droits méconnus ; la cité réalisant la destinée de l'homme et possédant une autorité illimitée en toute matière; absorbant la société et toute espèce de société : voilà l'organisme unitaire des sociétés antiques (1).

Une école moderne semble s'inspirer des mêmes principes. La pensée fondamentale du socialisme et du communisme, pour autant qu'on peut la discerner au milieu de la confusion des idées et de la lutte des passions, n'est-ce pas l'*État réalisant tout bien et possédant tout droit*, organisant tous les travaux, tous les services, méconnaissant les droits de la personne et de la liberté individuelle, de la famille et de l'hérédité, de la religion et du culte ? N'est-ce pas un retour vers l'organisme unitaire des cités antiques ?

D'autres, et parmi eux Hegel et Krause, ont le mérite d'avoir signalé diverses sociétés nécessaires sous le nom d'organismes moraux ou de *formes objectives* de la société humaine ; mais leurs systèmes, plus ou moins idéalistes, se trouvent en contradiction avec la nature des choses et l'histoire du genre humain.

La méthode positive, partant du fait de la société humaine et de son développement historique et cherchant l'*idée* à l'occasion du fait, range parmi les sociétés nécessaires d'abord la famille, la société civile et la société internationale : chacune d'elles, en effet, réunit tous les caractères d'une société nécessaire; il suffit d'en avoir le signalement exact pour la reconnaître à la première vue.

L'idée de la famille ou de la société conjugale qui est la source de la famille, c'est l'idée de l'organisme moral du mari et de la femme formant une union complète et permanente pour la propagation de l'espèce et pour son éducation suivant l'individualité des familles.

L'éducation physique et morale, l'emploi *assidu et continu* de tous les moyens de développer la vie physique, intellectuelle, morale religieuse de l'enfance, de lui donner les habitudes de soumission à l'autorité, de respect, de travail, de préparer son avenir, de transmettre les mœurs et traditions de la famille, de donner ainsi à la patrie des générations fortes, honnêtes, laborieuses, voilà le noble but assigné par la nature à la famille.

Pour que le but puisse être atteint, il faut non pas des unions *incomplètes et passagères*, mais il faut l'union complète (*consortium vitæ*) et l'union permanente (*matrimonium* individuam *vitæ consuetudinem continens*); en un mot, il faut le mariage monogame et indissoluble ; il faut de plus l'autorité paternelle et ses droits naturels en matière d'éducation; il faut en outre l'hérédité dans la famille, etc. C'est donc l'idée de la famille, et ce n'est pas le contrat de mariage, qui fonde le droit naturel de la famille. Assimiler le mariage à un contrat est une honte, suivant l'expression de Hegel.

L'idée de la société civile, c'est l'idée de l'organisme moral d'un peuple formant une société indépendante et souveraine pour le but juridique, moral et politique à réaliser suivant l'individualité des états.

(1) L'antiquité ne soupçonnait pas même la distinction entre la société civile et la société religieuses, importante pour les sociétés modernes. « Auf ihr beruht vornemlich, die moderne Gesittung und Freiheit » (Bluntschli).

Le peuple est une *réunion de familles*, unies par les besoins de la vie et se complétant les unes les autres (Aristote).

L'état n'est pas le peuple, mais il est le peuple organisé sous la forme d'une société indépendante et souveraine. Le peuple sans l'État ne serait qu'une multitude semblable à une foule de soldats sans organisation militaire. Ainsi compris, il ne saurait former un état, pas plus qu'un amas de matière sans forme ne saurait produire un corps vivant. Le peuple et l'État sont inséparables, et ils naissent et se développent simultanément suivant la loi de continuité historique.

Quel est le but de l'État? Question fondamentale du droit public naturel ; car c'est le but assigné par la nature qui détermine les droits naturels et leurs limites.

Le but immédiat de l'État, c'est le maintien du droit ; mais qu'est-ce que maintenir le droit? Si le droit n'est autre chose que la volonté du législateur tout ce qu'il a voulu doit être maintenu ; c'est la volonté arbitraire du prince ou de la multitude, peu importe, qui a force de loi. *Quod principi placuit legis habet vigorem.*

Concevez, avec Bentham, que le droit c'est la volonté du plus fort contraignant tout le monde à faire ce qui est utile et à éviter ce qui est nuisible : la législation n'aura d'autre règle à suivre que l'utilité du grand nombre.

Admettez, au contraire, une loi naturelle du droit, qui s'impose aux volontés et n'est pas faite par elles : la législation devra lui être conforme, jamais contraire.

Mais, que de notions contradictoires en matière de droit naturel, depuis l'individualisme et l'état de nature jusqu'au socialisme communiste !

D'après la théorie des sociétés nécessaires, il y a des organismes moraux divers, tous ayant leur destination propre et leurs droits naturels, tous organiquement unis, et non pas séparés ; et, par conséquent, maintenir le droit c'est reconnaître et maintenir les droits naturels des organismes moraux divers, de la société humaine, de la famille, de la société civile, de la société internationale, de la société religieuse, et pas seulement ceux de la liberté individuelle comme le veulent Kant et Benjamin Constant.

Mais cela ne suffit pas : les principes de droit naturel sont des principes généraux à définir dans leurs applications diverses, *lex positiva est determinatio juris naturalis* ; maintenir le droit, c'est donc reconnaître le droit naturel, le compléter par la loi positive et maintenir l'un et l'autre : voilà le but juridique de l'État.

Outre ce but immédiat, l'État a un but éloigné, un but moral. Tous les droits naturels sans exception ont un but moral. Ils existent pour le perfectionnement moral et matériel de la société. Or le perfectionnement moral comme le développement matériel sont l'œuvre de la liberté morale et de son initiative variée et féconde, et non pas de la contrainte ; l'État ne peut donc les imposer, et encore moins y contraindre.

Mais, d'autre part, puisque tous les droits existent pour un but moral, que l'ordre juridique a sa raison d'être dans le bien moral, l'État, sans imposer par la contrainte le perfectionnement intellectuel, moral, religieux, matériel le *protège* et *lui vient en aide*. Ne pas empêcher les autres dans la poursuite du vrai et du bien-être est le premier devoir des hommes en société (Rossi): voilà le but moral. Pour réaliser le but juridique et moral, l'État doit recourir aux moyens divers de parvenir à des résultats pratiques et utiles, eu égard à un état social donné. L'utilité générale bien définie n'est pas le *moyen de procurer la plus grande somme de jouissances au plus grand nombre*: c'est la définition de Bentham et de l'école utilitaire. Mais l'utilité générale comprend les moyens divers de réaliser le droit comme aussi de protéger et d'aider le perfectionnement libre, moral et matériel, d'assurer ainsi le bonheur commun. Et c'est là le but politique de l'état. La question politique, différente de la question morale et juridique, c'est la question *de la mise en pratique et des résultats utiles, eu égard à un état social donné*.

La loi des différences individuelles s'applique aux états comme à toutes choses. Ils diffèrent les uns des autres suivant le caractère et le génie des peuples, suivant le territoire, sa situation, ses ressources, suivant l'origine, la race, la nationalité, la langue, le développement historique, etc.; et, par conséquent, le but de l'état juridique moral et politique est réalisé diversement suivant l'individualité des états.

C'est l'idée de l'État, et ce n'est pas le contrat social, qui fonde le droit public rationnel. De là notamment le principe de la souveraineté *s'imposant* au nom de la loi naturelle et divine et différent des causes qui le réalisent; le but assigné par la nature à l'autorité souveraine; les pouvoirs divers inhérents à l'autorité souveraine et leurs limites, quelles que soient d'ailleurs les formes politiques. De là aussi la soumission à l'autorité souveraine fondée non pas sur la volonté des citoyens qui s'obligent, mais sur la loi naturelle qui les oblige.

La société internationale, elle aussi, réunit les caractères d'une société fondée sur la nature pour la paix des nations et le bien de toutes et, par conséquent, est soumise elle aussi à des lois naturelles, qui s'imposent aux nations et qui doivent être définies et organisées par le droit des gens positif (1).

L'individualisme et, l'état de nature appliqués aux nations souveraines, c'est la négation même du droit des gens naturel. Des nations totalement étrangères les unes aux autres, se suffisant à elles-mêmes, ou des nations poursuivant chacune un but égoïste d'ambition, de lucre, de conquête, ne sauraient former une société internationale régie par les lois naturelles de la morale et du droit.

En concevant la cité comme une *réunion de familles et de bourgades pour une vie parfaite et heureuse se suffisant à elle-même*, Aristote supprimait en principe le droit international entre Grecs et Barbares et entre cités grecques elles-mêmes. Aussi Suarez, pour fonder le droit international,

(1) M. Lorimer supprime à tort la notion du droit des gens positif. Son système, c'est le code de la raison en matière de droit international.

s'écarte d'Aristote et a recours à l'idée de cités qui, au lieu de se suffire à elles-mêmes, sont unies par des besoins et des services réciproques : *Nunquam illæ communitates, scilicet civitates, adeo sunt sibi sufficientes sigillatim, quin indigeant aliquo mutuo juvamine et societate ac communicatione... Hac ergo ratione, indigent aliquo jure quo dirigantur et recte ordinentur in hoc genere communicationis et societatis* (1).

La science du droit international, malgré les déceptions et les tristesses du moment, même à cause d'elles, doit donc maintenir et appliquer au droit des gens l'idée d'un organisme moral d'états souverains pour la paix et la prospérité de tous à réaliser suivant l'individualité des états, c'est cette idée qui fonde le droit international naturel.

La société humaine, la famille, la société civile, la société internationale, sont donc des sociétés nécessaires. En serait-il autrement de la société religieuse ? La question mérite un examen particulier ; car l'individualisme continue jusqu'à nos jours à assimiler la société religieuse à une société volontaire existant en vertu de la liberté d'association des individus, semblable à un couvent ou à une académie (2).

L'existence d'une société religieuse quelconque est un fait constant général, qu'on retrouve à toutes les époques de l'histoire, et à tout état de civilisation.

Ce fait prend surtout trois formes différentes : la religion de la famille et les divinités domestiques, la religion de la cité et les divinités poliades, la religion universelle et le Dieu unique et le même pour tous.

Ce fut le christianisme qui répandit dans le monde la croyance à l'unité de Dieu et à la religion universelle. « Le christianisme n'était la religion domestique d'aucune famille, la religion d'aucune cité ni d'aucune race. Il n'appartenait ni à une caste, ni à une corporation. Dès son origine, il appela à lui l'humanité tout entière. Ceci eut de grandes conséquences. Entre les peuples, la religion ne commandait plus la haine. Elle ne fit plus un devoir au citoyen de détester l'étranger ; il fut de son essence, au contraire, de lui enseigner qu'il avait envers l'étranger ; envers l'ennemi, des devoirs de justice et même de bienveillance. Les barrières entre les peuples et les races furent ainsi abaissées, le pomœrium disparut. Jésus-Christ, dit l'Apôtre, a rompu la muraille de séparation et d'iniquité. *Il y a plusieurs membres*, dit-il encore, *mais tous ne forment qu'un seul corps*. Il n'y a ni Gentils ni Juifs, tout le genre humain est ordonné dans l'unité (3).

La société religieuse est-elle une société ayant sa raison d'être dans la nature humaine ? et quelle est l'idée de cette société en *droit naturel* ?

Tout homme a le sentiment d'une puissance supérieure. Quoi qu'il veuille, quoi qu'il fasse, il se sent un être dépendant et relatif dans le système de

(1) *De legibus ac de Deo legislatore.*

(2) Minghetti, p. ex. — Piola conçoit l'Église comme une société nécessaire, mais la subordonne à l'État. M. Ad. Franck n'examine même pas la question de droit naturel, mais il se place au point de vue politique et historique.

(3) M. Fustel de Coulanges ; *La cité antique.*

l'univers : tant d'événements heureux ou malheureux ne dépendant pas de lui ! Ce sentiment se manifeste dans les superstitions les plus grossières comme dans la religion la plus élevée. Il prend un caractère matérialiste dans le fétichisme ; l'homme dégénéré descend jusqu'à l'adoration d'une pierre ou d'un morceau de bois, objet de ses craintes et de ses espérances ; il revêt un caractère panthéiste dans le polythéisme, sorte de divinisation des puissances de l'âme et des forces de la nature ; il présente un caractère spiritualiste dans toute religion d'accord avec la religion naturelle et ses idées fondamentales : Dieu, la liberté, l'immortalité, la loi morale, naturelle et universelle.

Ainsi compris, le sentiment religieux est un *sentiment intellectuel*, provoqué par la croyance en Dieu et à l'immortalité. Le sentiment religieux sans croyances religieuses est un non-sens psychologique ; tout sentiment de l'être intelligent est accompagné de la connaissance de l'objet qui le provoque, tandis que des sensations physiques peuvent exister sans cette connaissance.

Ces rapports eux-mêmes des intelligences et des volontés avec Dieu constituent la religion ; et celle-ci consiste essentiellementdans un ensemble de croyances, de préceptes moraux et de moyens pratiques pour réaliser l'union des intelligences et des volontés avec Dieu. En tant qu'elle fait partie de la nature intellectuelle et morale de l'homme, la religion est naturelle. En tant que complétée dans ses dogmes et sa morale par un enseignement positif et organisée par des lois positives, la religion es positive.

La religion diffère de la société religieuse. La société religieuse est la forme extérieure de la religion. C'est la religion, ce sont ses croyances, ses préceptes moraux, ses pratiques, son esprit qui unissent les hommes en société religieuse ; et cette société n'est pas seulement une societé des âmes, mais elle est une société d'hommes vivant dans des conditions physiques ; conçue comme société des âmes seulement, elle n'aurait aucun caractère juridique.

La société religieuse, c'est-à-dire une société d'hommes unis par la religion pour leur destination immortelle, a-t-elle sa raison d'être dans la nature humaine ?

Que l'homme soit un être religieux par nature, cette vérité est peu contestée ; la croyance en Dieu et à la vie future se retrouve plus ou moins pure, plus ou moins altérée chez tous, comme le montrent les mœurs et les usages, le culte et les rites funèbres, le respect des tombeaux chez tous les peuples ayant un nom dans l'histoire et la méthode positive ne saurait contester ce fait. La raison, loin d'être en contradiction avec ces croyances universelles, les démontre à l'évidence. La raison, au sens propre et élevé, est une sorte de manifestation de Dieu à la conscience humaine, une espèce de participation de l'éternelle raison (1).

(1) « Lex naturalis participatio legis æternæ in creatura rationali » (S. Thomas).

L'idée de Dieu seule rend raison du monde et de ses lois, de l'intelligence et de ses lois, et de l'accord entre l'intelligence qui connait et le monde qui lui est connu, donc de la connaissance vraie du monde.

C'est elle aussi, et elle seule, qui rend raison de l'ordre moral du monde, qui est l'ordre des êtres personnels et non pas des êtres privés de la personnalité.

La loi morale absolue et universelle sans idée de Dieu, personnalité absolue et toute parfaite, c'est la loi absolue sans volonté absolue qui l'impose, sans idéal de perfection absolue à imiter (1), sans justice absolue qui la maintient. C'est la morale sans l'*idée du bien*. Et la vie humaine tout entière change d'aspect suivant que l'homme croit au hasard aveugle, à la fatalité inexorable ou à la Providence divine.

L'athéisme d'ailleurs est une cause d'oppression et de servitude. « C'est « une loi de l'esprit de reconnaître un absolu. Si l'homme ne le reconnaît « pas au dessus de lui-même, il tend à se constituer lui-même comme absolu « vis-à-vis de ses semblables et à tout soumettre à sa domination (2). »

Mais il ne suffit pas de dire, avec la raison et le genre humain, que l'homme est un être religieux par nature et qu'il y a une religion naturelle. La question importante en droit est de savoir s'il faut une société religieuse. Suivant l'individualisme, l'individu se suffit à lui-même sous le rapport religieux. Il y a un sentiment religieux naturel ; il y a même une religion naturelle ; mais il n'y a pas de société religieuse fondée dans la nature. Pourtant la nature humaine, ses facultés, ses tendances, ses besoins, son but montrent à l'évidence la nécessité de la société religieuse.

Nul individu ne se suffit à lui-même ; tous développent et perfectionnent leur raison et leurs facultés innées, grâce à la vie sociale, au langage et à la tradition d'âge en âge des connaissances acquises. Cela est vrai de l'être moral tout entier et particulièrement de l'être religieux, car la religion en vertu de sa nature, les rapports de l'âme avec l'infini et l'éternel, présente toujours un côté obscur et mystérieux. Aussi, à défaut d'une tradition et d'un enseignement continus, non interrompus, les nations les plus illustres dans les sciences, les arts, le droit, la politique, la guerre, sont-elles tombées dans les superstitions les plus grossières et les plus immorales, au point « d'adorer toutes choses excepté Dieu lui-même ». « L'individu vit dans une communauté historique ; il est élevé, nourri par elle, et la le continue. Il est un lien vivant entre le passé et l'avenir. Il dépend de la société préexistante, de la famille où il est né, de la nation à laquelle il appartient et de son développement historique, de la religion qu'il trouve établie et dont il porte l'empreinte (3). »

La loi générale de la diversité et de la réciprocité des besoins et des vices, lien naturel des sociétés, s'applique à la société religieuse comme à la famille, à la société civile, à la société internationale. Les besoins reli-

(1) Ὁμοίωσις τοῦ θέου κατα τὸ δυνάτον' (Platon).
(2) Ahrens, *Droit naturel*.
(3) Trendelenburg, *Naturrecht*.

gieux ne peuvent être satisfaits par des individus isolés, mais ils reçoivent leur satisfaction par des individus unis en société religieuse. L'immense majorité des hommes se trouve dans l'impossibilité de se former par eux-mêmes des convictions religieuses, il faut donc des services particuliers pour les besoins religieux. « La religion, dit Guizot, ne paraît pas comme un fait purement individuel, mais comme un puissant moyen d'association La considérez-vous comme un système de croyances et de dogmes, la vérité n'appartient à personne, elle est universelle ; les hommes ont besoin de la rechercher et de la professer en commun. S'agit-il des préceptes qui s'associent aux doctrines, une loi obligatoire pour un individu l'est pour tous, *il faut la promulguer et il faut amener les hommes sous son empire* ; il en est de même des promesses que fait la religion au nom de ses croyances et de ses préceptes, il faut que tous soient appelés à en recueillir le fruit... Des éléments essentiels de la religion vous voyez naître la société religieuse (1). »

Le but de la société religieuse, au lieu d'être un but licite, propre à quelques-uns seulement, est un but de la nature commun à tous, qui doit être réalisé par tous Le but religieux, suivant la loi naturelle elle-même, c'est l'union des intelligences et des volontés entre elles et avec Dieu, dans une vie parfaite et immortelle ; et la société religieuse, en se développant dans le temps, a pour mission de diriger l'humanité vers sa fin suprême : l'idéal d'une société parfaite et immortelle.

Loin de faire abstraction d'une destination future et d'une société pour l'accomplir, le droit naturel doit les considérer comme une partie intégrante de l'organisme social.

En effet, le désir de perfection et de bonheur est inné, il doit et il peut être satisfait, les destinées doivent et peuvent s'accomplir. Par conséquent, de deux choses l'une. Ou la perfection et le bonheur sont réalisables dans la cité ; la cité est une réunion de familles pour une vie parfaite et heureuse se suffisant à elle-même, suivant la définition d'Aristote ; l'État est la réalisation de l'idée morale comme le veut Hégel : et dans ce cas tous sans exception doivent y trouver toutes les conditions d'une vie parfaite et heureuse. Ou bien la cité ne réalise pas l'idéal de perfection et de bonheur ; l'État n'est pas la réalisation de l'idée morale : et alors il faut une société différente de l'état pour la vie heureuse et immortelle ; et l'État, au lieu de procurer à tous toutes les conditions de bonheur, se bornera à maintenir le droit et à protéger et aider le perfectionnement libre, moral et matériel.

On ne comprend donc pas l'idée de l'État, son but, ses droits et leurs limites sans concevoir une destination de l'homme qui n'est pas réalisée dans l'état Lorsque le communisme place le but de l'homme dans la jouissance et dans les biens matériels qui la procurent, il est conséquent avec lui-même en réclamant une organisation sociale où ce but se réalise.

Les caractères ultérieurs qui distinguent les sociétés nécessaires des sociétés volontaires appartiennent tous à la ~~société~~ religieuse. Considérée en

(1) Guizot : *Histoire de la civilisation en Europe.*

fait, elle est une des conditions générales, permanentes du développement et du perfectionnement de l'humanité, de la civilisation ; et elle se maintient indépendamment de la volonté subjective des individus. Considérée en droit, elle a une forme nécessaire, et non pas conventionnelle. Ayant un but propre voulu par la nature, elle a les droits naturels sans lesquels elle ne peut l'accomplir et qui doivent être reconnus par la législation. Loin d'être des privilèges, ils sont des droits particuliers, différents sans aucun doute des droits généraux de l'homme, mais semblables aux droits particuliers de la famille et de l'État lui-même. Et puis, la société religieuse elle aussi est une des bases de la civilisation. « La religion a toujours été le lien le plus puissant entre les hommes » (1); elle est une des causes, et la principale, d'union et de continuité sociales. Elle remonte à l'origine même de toutes les sociétés civiles sans exception.

La société religieuse et la société civile ont donc leur raison d'être dans la nature humaine, et non pas dans la volonté libre de quelques individus. Reste à examiner si ce sont deux sociétés distinctes, indépendantes l'une de l'autre, ayant leur sphère d'action propre.

L'expression *société parfaite* (Κοινωνία τελεία), introduite par Aristote, ne saurait s'entendre dans le sens absolu. Des sociétés indépendantes, se suffisant à elles-mêmes, à tous égards ne se trouveraient pas dans des rapports moraux et juridiques. Mais la société civile et la société religieuse ont l'une et l'autre l'indépendance relative, eu égard à leur but et à leurs droits propres, sans empiétement de l'une dans le domaine de l'autre.

En effet, maintenir le droit, protéger, aider le perfectionnement libre, moral et matériel par les moyens propres à parvenir à des résultats pratiques et utiles, tel est le but de la société civile, et ce but est réalisable dans le temps : les états ne sont pas immortels.

Unir les intelligences et les volontés par la religion pour leur destination future, tel est le but de la société religieuse qui vit dans le temps mais a une destinée immortelle.

L'État et l'autorité civile ont les droits divers sans lesquels ils ne peuvent réaliser leur but propre ; l'Église et l'autorité religieuse ont les droits divers sans lesquels elles ne peuvent réaliser le leur.

Les moyens de réalisation sont différents. L'État dispose de la force publique et s'impose au besoin par la contrainte ; l'Église dispose de forces morales et ne s'impose pas par la contrainte.

L'idée de l'État, c'est l'idée de l'organisme d'un peuple, et non pas de l'organisme de l'humanité comme le prétend Bluntschli. L'idée de l'Église, c'est l'idée d'un organisme universel destiné à unir tous les peuples ; et chaque société religieuse qui comprend sa mission et a foi dans son avenir ne se renferme pas dans les limites étroites de la famille ou de la cité comme le faisaient les religions antiques, mais son prosélytisme s'étend à l'humanité toute entière. « La religion par sa nature est universelle, dépasse les limites

(1) Ahrens, *Droit naturel.*

d'un territoire, unit les peuples dans une communauté de sentiments et de mœurs » (1). « L'idéal de l'humanité demande l'unité religieuse, qui toutefois ne peut être que le résultat du développement libre des croyances » (2). Mais cette unité et cette universalité n'excluent pas les différences individuelles; le principe de la variété dans l'unité s'applique au monde moral comme au monde physique.

La société civile et la société religieuse sont donc des sociétés distinctes ayant leur indépendance relative, leur but et leurs droits propres.

Mais, d'après la conception organique de la société humaine, elles ne peuvent être conçues comme deux sociétés séparées l'une de l'autre, indifférentes l'une à l'autre. Ce serait concevoir des buts de la nature et des sociétés fondées sur la nature n'ayant rien de commun, diviser la nature humaine elle-même. La société civile a besoin de la société religieuse et de ses influencee morales sur l'individu, sur la famille, sur la nation, sur la société internationale, sur l'humanité. La religion enseigne l'accomplissement de tous les devoirs et procure les moyens de les accomplir. La société religieuse, à son tour, a besoin de la société civile, qui maintient ses droits comme elle maintient tous les autres droits, qui protège et aide le perfectionnement libre religieux, comme tout autre perfectionnement libre, moral et matériel. La loi générale de la diversité et de la réciprocité des besoins et des services s'applique à la société civile et à la société religieuse : par conséquent, distinction essentielle des deux sociétés, leur indépendance réciproque relative à leur but et à leurs pouvoirs propres, concours de l'une au bien de l'autre suivant leur mission propre, la société civile et la société religieuse organiquement unies et non pas séparées voilà le droit naturel.

L'idée de la société religieuse, *en droit naturel*, est donc l'idée de l'organisme moral de l'humanité, unie par la religion, formant une société indépendante une et universelle pour la réalisation d'une destination immortelle.

C'est cette idée, et ce n'est pas la liberté d'association des individus, qui fonde les droits naturels d'une société religieuse existant en fait, comme c'est l'idée de l'État et non pas le contrat social qui fonde les droits naturels d'un État donné. L'une et l'autre de ces sociétés, je l'ai dit, ont tous les droits naturels sans lesquels elles ne peuvent réaliser librement, et suivant l'individualité, la destination que leur est assignée par la nature.

C'est aussi l'idée de la société religieuse qui donne la solution de la question de la reconnaissance d'une société religieuse, existant en fait, ou, dans une situation donnée, de plusieurs sociétés religieuses, comme c'est l'idée de l'État qui contient la solution du problème de la reconnaissance d'un État souverain. Il s'agit de savoir si une société religieuse existant en fait peut être considérée comme réunissant les caractères de la société religieuse. Est-elle un organisme moral uni par la religion et les besoins religieux ? Ses croyances, ses préceptes, ses pratiques n'ont-elles rien de contraire à la

(1) Trendelenburg, *Naturrecht.*
(2) Ahrens, *Droit naturel.*

loi morale naturelle, au droit naturel, à la religion naturelle ? Son but est-il conforme au but que la nature elle-même assigne à la société religieuse ? A-t-elle une forme sociale et une autorité suffisante reconnues par ses membres ? Présente-t-elle un développement organique continu, historique ? ou n'est-elle qu'une association accidentelle et passagère existant en vertu de la liberté d'association ? La France, sous le premier empire, a reconnu les trois cultes catholique, protestant et israélite. Des théo-philanthropes, des saint-simoniens, des spirites, des mormons n'ont jamais été reconnus comme sociétés religieuses, et ils ne pourraient l'être suivant le droit naturel (1).

Je crois avoir rempli, d'une manière très imparfaite, il est vrai, la tâche que j'avais assumée.

L'individualisme juridique, l'état de nature et l'association volontaire ont prévalu, depuis Grotius, en droit naturel, et les institutions de la famille, de la société civile, de la société internationale, de la société religieuse ont subi plus ou moins l'influence dissolvante de ces principes.

Grâce surtout à l'école historique, des voies nouvelles ont été ouvertes à la science.

La théorie des sociétés nécessaires bien comprise est appelée, je l'ai montré, à transformer le droit naturel et ses diverses parties : le droit de la personne et de la liberté individuelle, le droit de famille, le droit public et pénal, le droit international, le droit civil ecclésiastique et à pénétrer de son esprit les institutions diverses.

Le droit naturel proprement dit ne se fonde ni sur la sociabilité, ni sur le contrat social, ni sur l'utilité sociale, ni sur la liberté externe, de tous ni sur l'idée communiste. Il se fonde sur *l'idée de la société et des organismes moraux.*

Loin d'être une utopie à l'usage d'hommes abstraits, tous indépendants et égaux à tous égards, il est la science d'hommes réels, vivant dans les sociétés nécessaires, organiquement unies, science féconde en applications pratiques. *Hic labor, hic opus* !

(1) Bluntschli lui-même se prononce contre la liberté *absolue* des cultes.

Imp. G. Saint-Aubin et Thevenot, Saint-Dizier (Hte-Marne). 30, passage Verdeau, Paris

www.ingramcontent.com/pod-product-compliance
Lightning Source LLC
LaVergne TN
LVHW020453230826
846091LV00008BA/3174

* 9 7 8 2 0 1 9 2 8 9 2 2 5 *